わたしたちと森林

5 持続可能な社会

あかつき

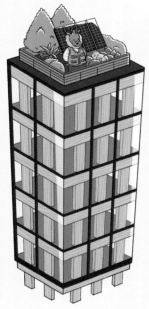

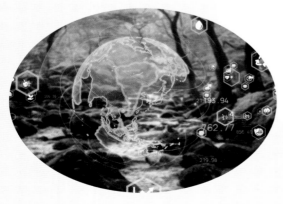

第3章 森林とかかわる

この本の使い方

シリーズ「わたしたちと森林」は、過去から未来へとつながる人間と森林とのかかわり合いについて、さまざまな角度から理解を深められるよう、テーマ別に1～5巻に分け、わかりやすく説明をしています。説明を読んだあとに、さらに気になるテーマを調べたり、自分のこととして考えたりするために「調べてみよう！」「考えてみよう！」などのコーナーがあります。この本を通じてみなさんのまわりの森林について考えるきっかけとしてください。

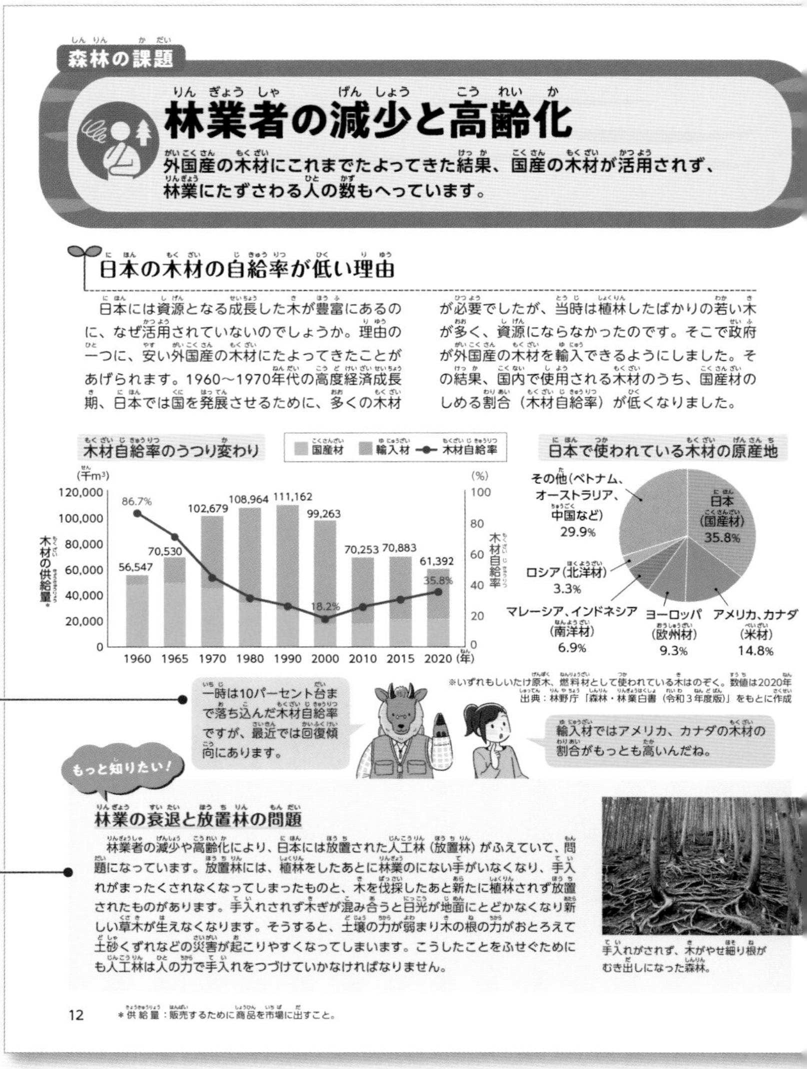

先生の解説

テーマへの理解を助けてくれる、カモシカ先生の解説です。

キーワード

重要なことばを解説しています。

コラム「もっと知りたい！」

テーマに関連した知識などを紹介しています。

キーワード

森林蓄積

森林を構成する樹木の幹の体積をさす。建築用の木材などに利用できる資源量の目安として使用される。

（右側ページ見本）

森林の課題

林業者の減少と高齢化

外国産の木材にこれまでたよってきた結果、国産の木材が活用されず、林業にたずさわる人の数もへっています。

日本の木材の自給率が低い理由

日本には資源となる成長した木が豊富にあるのに、なぜ活用されていないのでしょうか。理由の一つに、安い外国産の木材にたよってきたことがあげられます。1960～1970年代の高度経済成長期、日本では国を発展させるために、多くの木材が必要でしたが、当時は植林したばかりの若い木が多く、資源にならなかったのです。そこで政府が外国産の木材を輸入できるようにしました。その結果、国内で使用される木材のうち、国産材のしめる割合（木材自給率）が低くなりました。

木材自給率のうつり変わり

国産材　輸入材　—●— 木材自給率

木材の供給量*（千m³）

年	供給量	自給率
1960	56,547	86.7%
1965	70,530	
1970	102,679	
1980	108,964	
1990	111,162	
2000	99,263	18.2%
2010	70,253	
2015	70,883	
2020	61,392	35.8%

日本で使われている木材の原産地

- その他（ベトナム、オーストラリア、中国など）29.9%
- 日本（国産材）35.8%
- ロシア（北洋材）3.3%
- マレーシア、インドネシア（南洋材）6.9%
- ヨーロッパ（欧州材）9.3%
- アメリカ、カナダ（米材）14.8%

※いずれもしいたけ原木、燃料材として使われている木はのぞく。数値は2020年。
出典：林野庁「森林・林業白書（令和3年度版）」をもとに作成

一時は10パーセント台まで落ち込んだ木材自給率ですが、最近では回復傾向にあります。

輸入材ではアメリカ、カナダの木材の割合がもっとも高いんだね。

もっと知りたい！

林業の衰退と放置林の問題

林業者の減少や高齢化により、日本には放置された人工林（放置林）がふえていて、問題になっています。放置林には、植林をしたあとに林業のにない手がいなくなり、手入れがまったくされなくなってしまったものと、木を伐採したあと新たに植林されず放置されたものがあります。手入れされず木ぎが混み合うと日光が地面にとどかなくなり新しい草木が生えなくなります。そうすると、土壌の力が弱まり木の根の力がおとろえて土砂くずれなどの災害が起こりやすくなってしまいます。こうしたことをふせぐためにも人工林は人の力で手入れをつづけていかなければなりません。

手入れがされず、木がやせ細り根がむき出しになった森林。

12　＊供給量：販売するために商品を市場に出すこと。

わたしたちと
いっしょに
学ぼう！

シン

山や川で遊ぶのが大好き。ふだんはまちに住んでいるけど、お休みになると家族とキャンプに行って、自然体験を楽しんでいる。

リン

森に遊びに行くのはもちろん、動物に関する本を読んだり、インターネットを使って調べたりするのも大好き。将来は動物の研究者になりたいと思っている。

本文

そのページのテーマにそった内容を説明しています。

日本の林業の衰退

安い外国産の木材が手に入るようになると、国産の木材は売れ行きが悪くなり、木材の価格も下がっていきました。これまで木を伐り、若い木を植え、森林の手入れをしてきた林業者の収入はへり、生活が苦しくなっていきました。その結果、1980年時点では14万6,000人いた林業者の数は、2020年には4万4,000人まで落ち込んでいます。さらに林業者の高齢化率も高いままです。後継者となる若者などを育てるため、国は「緑の雇用」事業などを行っています。

林業者の数・高齢化率のうつり変わり

（万人）林業者の数 / 高齢化率（%）

凡例：
■ 林業者の数
■ 高齢化率（林業）
■ 高齢化率（全産業）

14.6（1980）10.0（1990）8.2（1995）6.8（2000）5.2（2005）5.1（2010）4.5（2015）4.4（2020）(年)

※高齢化率とは、全体にしめる65歳以上の人の割合
出典：林野庁ホームページ「林業労働力の動向」

新規就業者の数

（人）

凡例：
■ 緑の雇用
■ 緑の雇用以外

年	緑の雇用以外	緑の雇用
1995	1,555	
2002	2,211	
2003	2,066	2,268 = 4,334
2010	2,416	1,598 = 4,014
2015	2,090	1,114 = 3,204
2020	2,169	734 = 2,903

緑の雇用開始
出典：林野庁ホームページ「林業労働力の動向」

ポイント！
2003年にはじまった「緑の雇用」事業後は、新しく林業にたずさわる人の数がふえた。

いまは「緑の雇用」事業を利用して仕事につく人がおよそ4分の1もいるんだね。

調べてみよう！

森林はなぜすずしいの？

森林に入るとひんやりするのはなぜでしょうか？ 調べてみましょう。

木の葉っぱから出る水蒸気が関係しているかもしれないね。ビニールぶくろと輪ゴムと湿度計と温度計を用意して調べてみよう。

まず木の葉っぱにビニールぶくろをかぶせて、輪ゴムでビニールぶくろの口をしばってみます。数時間置いてから、ビニールぶくろのなかに湿度計と温度計を入れて数値をはかりましょう。

木の種類によっても差がありそうだね。いろんな木の葉っぱでためしてみよう。

出典：三井物産株式会社ホームページ「森のきょうしつ」をもとに作成

ポイント！
数分後、数時間後と時間を変えて何回か湿度と温度をはかると変化の過程がわかるよ。

考えてみよう！
なんで水蒸気が出るとひんやりするのかな。汗をかいたときに体が冷えるしくみと同じかもしれないね。

13

グラフや表

テーマを理解するうえで必要な情報やデータをグラフや表でしめしています。
※グラフや表は、表記のしかたを出典から一部改変しているものもあります。

ポイント！

テーマを理解するうえで大切な部分です。

調べてみよう！

テーマに関連した調べ学習をしたいときのヒントや、ページを読んだあとに、さらにくわしく調べたいときにどのような方法をとればいいかのヒントが書かれています。

考えてみよう！

テーマに関連して、どうしてそうなったのかを考えるためのコーナーです。

※このページは、「この本の使い方」を説明するための見本です。

カモシカ先生

2人のところに現れた森林の博士。森林と人との関わりのことならなんでも知っている。

さがしてみよう！

自分が住む都道府県にもレクリエーションの森があるかな。じっさいに足を運んでみよう。

さがしてみよう！

テーマに関連して自分の身近なところでさがしてみるコーナーです。

※この本の情報は、2023年1月現在のものです。

5 持続可能な社会

「持続可能」とは、将来にわたってずっとつづけていくことができる、という意味です。わたしたちの生活を持続可能なものにするために、多くの生きもののすみかであり、空気やきれいな水をもたらし、災害をふせいでくれる森林をまもっていかなければなりません。

森林を持続可能なものにするためには、森林の近くに住んでいる人や森林にかかわる仕事をしている人だけではなく、すべての人が森林のめぐみを受けているということを理解することが大切です。あらゆる人が森林に親しみながらかかわり、少しずつでも貢献することができれば、それが森林をまもることにつながります。森林に貢献する方法には、さまざまなものがあります。すでに国や企業などがいろいろなとりくみを行っていますし、みなさん自身にできることもたくさんあります。この巻で、具体的に見ていきましょう。

木造の高層ビル

森林浴

街路樹に親しむ

国産材の活用

□ … わたしたちが森林と
　　かかわることのできる例

□ … 国や企業のとりくみ

スマート林業

持続可能な林業

エコツアー

山村での生活体験

学校林の活用

第1章

森林の課題

日本は森林にめぐまれている国ですが、さまざまな課題もかかえています。日本の森林の面積は50年間ほぼ変わっていませんが、天然林はへりつづけています。また、人工林もじゅうぶんに活用されていません。本来ならば木材となるはずの木が使われていないのは、これまで輸入の木材にたよりつづけていたことや、林業にたずさわる人たちが高齢化し、へっていることが理由にあります。そのような日本の森林のいまと、それを解決するためのさまざまなとりくみについて見ていきましょう。

じゅうぶん活用されていない日本の森林

資源となる成長した木を伐って使うことで、
次世代にゆたかな森林を引きつぐことができます。

日本の森林の状況

日本の国土の約66パーセントをしめる森林面積は、2,505万ha（2017年時点）にもおよびます。この森林面積は、過去50年間ほぼ変わっていません。しかし森林の種類を細かく見ていくと少しちがいます。森林は、人の手によって植林された「人工林」と、それ以外の「天然林」があります。50年前にくらべると人工林の面積は1.3倍にふえていますが、天然林の面積は0.87倍、約13パーセント減少しています。

日本の森林面積のうつり変わり

凡例：■ 人工林　■ 天然林　■ その他

（万ha）

年	その他	天然林	人工林	合計
1966	173	1551	793	2517
1971	192	1444	886	2522
1976	145	1444	938	2526
1981	139	1399	990	2528
1986	137	1367	1022	2526
1990	136	1352	1033	2521
1995	137	1338	1040	2515
2002	141	1335	1036	2512
2007	137	1338	1035	2510
2012	136	1343	1029	2508
2017	136	1348	1020	2505

出典：林野庁「森林資源の現況」2017年

森林面積の内訳

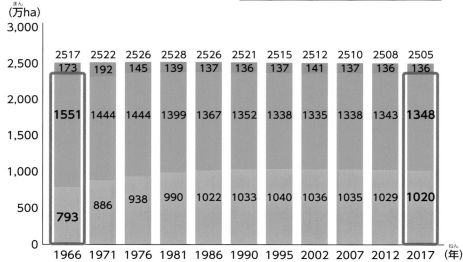

天然林など 59%　1,484
人工林 41%　1,020
（単位：万ha）

人工林樹種別面積
その他 219（21%）
スギ 444（44%）
ヒノキ 260（25%）
カラマツ 98（10%）

出典：林野庁「森林資源の現況」2017年

植林によって増えた人工林

植林前

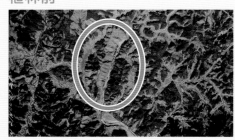

1947年の佐賀県佐賀市富士町の空中写真。第2次世界大戦中の伐採で森林があれはて、「はげ山」になっている。

現在

あれた森林を回復させるために植林が行われ、現在は森林がよみがえっている。

写真提供：佐賀県森林整備課

ポイント！
人工林のほとんどはスギ・ヒノキ・カラマツなどの針葉樹。

ふえつづける「森林蓄積」

日本の森林面積はほぼ変わりませんが、「森林蓄積」は、過去50年間で、約3倍にふえています。それは、資源となる成長した木が伐られずに残っていることも一つの原因です。齢級が高い、すなわち高齢の木は二酸化炭素の吸収量がへることがわかっています。このため、資源となる木を使いながら植林をしていくことで、成長のよい若い森林を次世代に残していくことが大切です。

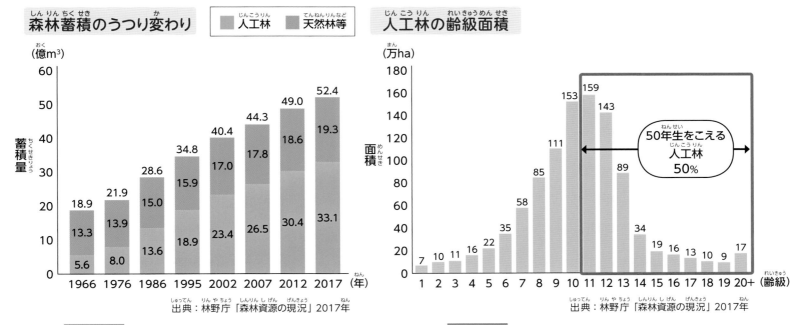

森林蓄積のうつり変わり

凡例：人工林／天然林等

（億m³）

	1966	1976	1986	1995	2002	2007	2012	2017 (年)
合計	18.9	21.9	28.6	34.8	40.4	44.3	49.0	52.4
天然林等	13.3	13.9	15.0	15.9	17.0	17.8	18.6	19.3
人工林	5.6	8.0	13.6	18.9	23.4	26.5	30.4	33.1

出典：林野庁「森林資源の現況」2017年

人工林の齢級面積

（万ha）

齢級	1	2	3	4	5	6	7	8	9	10	11	12	13	14	15	16	17	18	19	20+
面積	7	10	11	16	22	35	58	85	111	153	159	143	89	34	19	16	13	10	9	17

50年生をこえる人工林 50%

出典：林野庁「森林資源の現況」2017年

キーワード

森林蓄積
森林を構成する樹木の幹の体積をさす。建築用の木材などに利用できる資源量の目安として使用される。

キーワード

齢級
森林の年齢を5年単位で表すことば。苗木を植えた年を「1年生」として、1～5年生を1齢級と数える。たとえば、10齢級なら苗木を植えてから50年になる。

グラフを見ると、人工林の面積の半分が植えられてから50年以上たっているのに伐採されていないことがわかりますね。

「伐りどき」なのに活用されていない木がたくさんあるんだね。

もっと知りたい！

森林を生かすための森林環境税の導入

このまま伐りどきの木が伐られずに放置されつづけると、温暖化防止機能が低下するだけでなく、土砂災害が起こる可能性などもふえてしまいます（➡12ページ）。そこで、国は2024年4月から森林環境税を導入することになりました。森林環境税は、森林の近くに住んでいる人だけでなく、みんなで森林をまもるために税金のかたちで負担をするしくみです。森林環境税として徴収された税は、放置された人工林の整備や、林業人材の育成、木材の使用を活性化させるためのとりくみに使われる予定です。

なお、国とは別に、独自のとりくみとして37の府県ですでに森林環境税が徴収され、さまざまな用途に使われている。高知県では全国でもっとも早く、2003年から森林環境税を導入している。

林業者の減少と高齢化

外国産の木材にこれまでたよってきた結果、国産の木材が活用されず、林業にたずさわる人の数もへっています。

日本の木材の自給率が低い理由

日本には資源となる成長した木が豊富にあるのに、なぜ活用されていないのでしょうか。理由の一つに、安い外国産の木材にたよってきたことがあげられます。1960〜1970年代の高度経済成長期、日本では国を発展させるために、多くの木材が必要でしたが、当時は植林したばかりの若い木が多く、資源にならなかったのです。そこで政府が外国産の木材を輸入できるようにしました。その結果、国内で使用される木材のうち、国産材のしめる割合（木材自給率）が低くなりました。

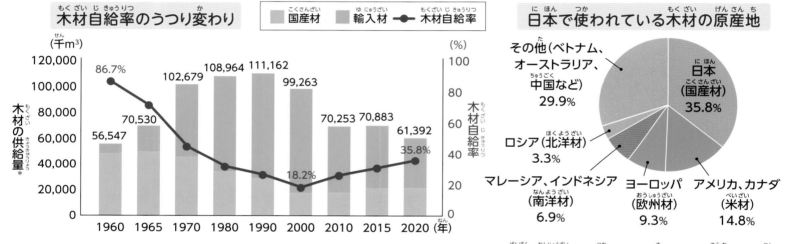

木材自給率のうつり変わり

国産材 ／ 輸入材 ／ 木材自給率

(千m³)

- 1960: 56,547 / 86.7%
- 1965: 70,530
- 1970: 102,679
- 1980: 108,964
- 1990: 111,162
- 2000: 99,263 / 18.2%
- 2010: 70,253
- 2015: 70,883
- 2020: 61,392 / 35.8%

木材の供給量*

木材自給率

日本で使われている木材の原産地

- その他（ベトナム、オーストラリア、中国など） 29.9%
- 日本（国産材） 35.8%
- ロシア（北洋材） 3.3%
- マレーシア、インドネシア（南洋材） 6.9%
- ヨーロッパ（欧州材） 9.3%
- アメリカ、カナダ（米材） 14.8%

※いずれもしいたけ原木、燃料材として使われている木はのぞく。数値は2020年
出典：林野庁「森林・林業白書（令和3年度版）」をもとに作成

一時は10パーセント台まで落ち込んだ木材自給率ですが、最近では回復傾向にあります。

輸入材ではアメリカ、カナダの木材の割合がもっとも高いんだね。

もっと知りたい！

林業の衰退と放置林の問題

林業者の減少や高齢化により、日本には放置された人工林（放置林）がふえていて、問題になっています。放置林には、植林をしたあとに林業のにない手がいなくなり、手入れがまったくされなくなってしまったものと、木を伐採したあと新たに植林されず放置されたものがあります。手入れされず木ぎが混み合うと日光が地面にとどかなくなり新しい草木が生えなくなります。そうすると、土壌の力が弱まり木の根の力がおとろえて土砂くずれなどの災害が起こりやすくなってしまいます。こうしたことをふせぐためにも人工林は人の力で手入れをつづけていかなければなりません。

手入れがされず、木がやせ細り根がむき出しになった森林。

＊供給量：販売するために商品を市場に出すこと。

日本の林業の衰退

安い外国産の木材が手に入るようになると、国産の木材は売れ行きが悪くなり、木材の価格も下がっていきました。これまで木を伐り、若い木を植え、森林の手入れをしてきた林業者の収入はへり、生活が苦しくなっていきました。その結果、1980年時点では14万6,000人いた林業者の数は、2020年には4万4,000人まで落ち込んでいます。さらに林業者の高齢化率も高いままです。後継者となる若者を育てるため、国は「緑の雇用」事業などを行っています。

林業者の数・高齢化率のうつり変わり

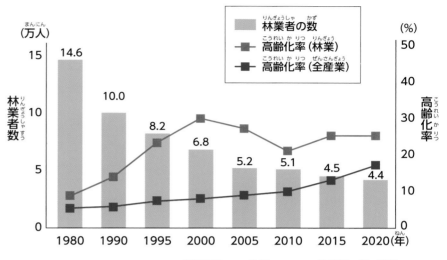

凡例：
- 林業者の数
- 高齢化率（林業）
- 高齢化率（全産業）

林業者の数（万人）：
- 1980年 14.6
- 1990年 10.0
- 1995年 8.2
- 2000年 6.8
- 2005年 5.2
- 2010年 5.1
- 2015年 4.5
- 2020年 4.4

※高齢化率とは、全体にしめる65歳以上の人の割合
出典：林野庁ホームページ「林業労働力の動向」

新規就業者の数

凡例：
- 緑の雇用
- 緑の雇用以外

（人）

年	緑の雇用以外	緑の雇用	合計
1995	1,555		
2002	2,211		
2003	2,066	2,268	4,334
2010	2,416	1,598	4,014
2015	2,090	1,114	3,204
2020	2,169	734	2,903

緑の雇用開始

出典：林野庁ホームページ「林業労働力の動向」

ポイント！
2003年にはじまった「緑の雇用」事業後は、新しく林業にたずさわる人の数がふえた。

いまは「緑の雇用」事業を利用して仕事につく人がおよそ4分の1もいるんだね。

「緑の雇用」事業とは

林業ではたらく若者を育てるために、国が行うとりくみの一つが林業に必要な技術を身につける支援事業「緑の雇用」事業である。講習や研修を通じてキャリアアップを支援する制度で、2020年度までに2万571人がこの制度を通じて林業者になった。

写真提供：ヨネザワ・フォレスト（栃木県）

トライアル雇用
数か月のおためし期間を経て、林業の仕事が自分に合っているかどうか、判断できるシステム。

写真提供：白神森林組合（秋田県）

フォレストワーカー研修
3年間かけて、森林で木の伐採などの林業に必要な技術を学ぶ。

持続可能な森林経営のために

木の使用量をふやし、持続可能な森林経営をささえるために、日本では、さまざまなとりくみが進められています。

地球温暖化をふせぐ国産材の役割

国産材の使用をふやすことは、森林保全のためだけでなく、地球環境にもよいことがわかっています。

木には地球温暖化の原因となる二酸化炭素（CO_2）をとりこむだけでなく、たくわえるはたらきがあります。たとえば、住宅用の木材や木を使った製品は炭素をたくわえつづけます。くらしのなかに木をとりこむことは、地球温暖化防止にも役だつのです。

持続可能な森林経営をささえるとりくみ

伐（き）って

クリーンウッド法

違法伐採された木材を売る悪質な業者による木材が流通しないようにするために、2017年にはじめられた法律。住宅用の木材や家具などの製品が対象で、違法伐採された木材をあつかっていない企業や業者などを登録することで、合法的に伐採された木材の利用をすすめる。

森林認証

持続可能な森林経営をすすめるために、中立な立場の機関が検証し、認証するしくみ。日本独自の森林認証（SGEC認証）だけでなく、国際的な森林認証（PEFC認証やFSC®認証）などがある。認証を受けた製品を買うことで、森林保全にかかわることができる。

森林をまもっていくためには、林業にたずさわる人だけでなく、製品を使うわたしたちにも責任があるということだね。

SGEC/31-01-01
持続可能な森林管理の促進
www.sgec-pefcj.jp
SGEC認証

PEFC/31-01-01
持続可能な森林管理の促進
www.sgec-pefcj.jp
PEFC認証

FSC
FSC®認証

育（そだ）てる

グリーン購入法

国や地方自治体などが、地球環境に負担の少ない製品（エコマーク認定商品）を購入し、環境にやさしい製品づくりをささえるしくみ。木材を使った製品では、すてられる予定だった木材や間伐材などを原料にした鉛筆などがある。

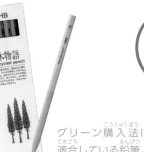

グリーン購入法に適合している鉛筆。
写真提供：トンボ鉛筆

エコマーク®

環境への負荷が少なく環境保全に役立つと認められた商品につけられる環境ラベル。

→さがしてみよう！←
家にあるものでエコマークのついている製品はあるかな？

鉛筆に

使って

木のおもちゃに

木材が運ばれ、加工される

木づかい運動

林野庁が2005年から展開している、日本の木材を使用することが森林保全や地球温暖化の防止に役だつことを消費者に伝え、くらしのなかで国産材を使った製品を積極的に使ってもらうための運動。

国産材でつくる森のサイクル
木づかいニッポン

木づかいサイクルマークは、国産材を利用してつくられた製品やそれを販売する企業や団体が使用できるマーク。

WOOD CHANGE®
WOOD CHANGE

ウッド・チェンジとは、「木づかい運動」の合ことばで、木の利用を通じて持続可能な社会へと変えていく行動をさしている。

持続可能な調達に向けて

ゆたかな森林を次世代に引きつぐためには、森林を所有する人や木を植えて育てて伐って売る林業者、丸太を柱や板に加工する製材工場ではたらく人、製材品をさらに加工し販売する材木店など、木材にかかわる人たちの仕事を正しく評価し、支援するしくみも必要です。そこで、国が違法に伐採された外国産の木材が流通しないよう法整備をしたり、中立な機関が適切な森林経営をする供給者を認証する制度をもうけたりして、「伐って、使って、植えて、育てる」の森林サイクルをまもるとりくみを行っています。

輸入材を運ぶときにかかる環境負担の面からも、今後ますます国産材を利用することが必要とされています。

植えて

林業者をまもる補助金

林業者の収入となる木材の価格が低いため、森林を育てるための補助金が国や都道府県から交付されている。また、林業者の廃業などで管理する人がいなくなった森林も補助金によって整備されている。

SDGsと森林
エス ディー ジー ズ　　しん りん

SDGsとは、環境問題や差別、貧困など世界の課題を解決するために、
かんきょうもんだい　さ べつ　ひんこん　せ かい　か だい　かいけつ
2030年までに世界全体でとりくむ目標です。森林は、じつはこの
ねん　せ かいぜんたい　もくひょう　しんりん
SDGsと深いかかわりをもっています。次の世代、さらにその次の世
ふか　つぎ せ だい　つぎ せ
代と長くつづけられるかたちで森林をまもることは、地球環境をまも
だい　なが　しんりん　ち きゅうかんきょう
ることにつながるだけでなく、すべての人びとが健康でゆたかに生活
ひと　けんこう　せいかつ
することともかかわっています。すでに国や都道府県、団体や企業な
くに　と どう ふ けん　だんたい　き ぎょう
どが森林をまもるための活動を行っています。
しんりん　かつどう　おこな

SDGsと森林との関係

しん　りん　　　　　　かん　けい

ちきゅうきぼ　　もんだい　かいけつ
地球規模の問題を解決するためのSDGsの達成に向けて、
しんりん　　　　　　かつどう　ちゅうもく　あつ
森林にかかわる活動に注目が集まっています。

🌱 SDGs（持続可能な開発目標）とは
じぞくかのう　かいはつもくひょう

みなさんは、SDGsということばを耳にしたことはありますか？　SDGsは、世界の国ぐにが合意した「持続可能な開発目標」のことです。この目標ができたのは、地球がいま、存続の危機にあるからです。わたしたち人間は、経済を発展させることで、生活をゆたかにしていきました。いっぽうで、環境破壊が進み、多くの生きものが絶滅の危機にひんしています。また、貧困や飢えに苦しむ人もいます。こうした地球規模の問題を解決し、だれ一人とりのこされることなく、すべての人が平和で健康的なくらしを送ることができるよう、SDGsがかかげられたのです。

キーワード

SDGs（エスディージーズ）
ちきゅうきぼ　かんきょうはかい　すす　　　　　　　　　　はいけい
地球規模の環境破壊が進んでいることを背景として、
ねん　こくれんそうかい　さいたく
2015年に国連総会で採択された17の目標。2030年までにすべての人が平和で健康的なくらしを送ることができるよう、具体的な目標と達成基準が示されている。

森林の問題は、海の問題ともつながるし、人びとの生活の問題ともつながっているんですよ。

森林とかかわるSDGsの項目がこんなにたくさんあるなんてびっくりです！

森林空間の利用
しんりんくうかん　りよう

森林空間には人びとがリラックスし、健康的になる効果があります（➡3.すべての人に健康と福祉を）。また、子どもたちが森林を通して環境のことを学べるという効果があります（➡4.質の高い教育をみんなに）。森林空間を利用したエコツアーなどで、旅行業などではたらく人もふえ（➡8.働きがいも経済成長も、9.産業と技術革新の基盤をつくろう）、それが継続することによって、地方に持続可能な産業が生まれます（➡11.住み続けられるまちづくりを、12.つくる責任　つかう責任）。

持続可能な森林環境の確保
じぞくかのう　しんりんかんきょう　かくほ

森林の土をまもることは、ふった雨がたくわえられることにつながり、水源をまもり、ゆたかな海をまもることにつながります（➡6.安全な水とトイレを世界中に、14.海の豊かさを守ろう）。適切に手入れされた森では生物多様性がまもられ、木の根が土砂くずれをふせぎます（➡15.陸の豊かさも守ろう、11.住み続けられるまちづくりを）。森林は二酸化炭素を吸収し、きれいな空気をつくり出します（➡13.気候変動に具体的な対策を）。

にさんかたんそ
二酸化炭素
をとりこむ

SDGsと森林の関係

わたしたち人間が生きるためには、森林はなくてはならない存在です。SDGsの目標15の「陸の豊かさも守ろう」には、具体的な解決方法として、持続可能な森林経営により森林減少をふせぎ、世界の森林をふやすことがかかげられています。つまり、森林をまもることは、SDGsの目標達成におおいに貢献するのです。それだけではありません。下の図にあるように、森林は「陸の豊かさも守ろう」以外のあらゆる目標達成とも関連しています。

木材の生産・加工・流通の未来

これからの林業者の労働環境をまもり、木材の価値を高めることが大切です（➡8.働きがいも経済成長も、12.つくる責任　つかう責任）。そのためにはICTを使ったスマート林業などを進め、過酷な作業を機械化することで、女性や高齢者など力が強くない人でも林業にたずさわれるようにする必要があります（➡5.ジェンダー平等を実現しよう）。

木材の正しい利用

木材自体が二酸化炭素をたくわえるため、木の製品を使うこと自体に温暖化をふせぐ効果があります（➡13.気候変動に具体的な対策を）。また、合法的に伐採された木や国産材を使うことが、林業者の生活をまもります（➡12.つくる責任　つかう責任、8.働きがいも経済成長も）。環境にやさしいバイオマス発電や、木造ビルの建築など最新の技術を使った木材の利用も地球環境をまもることにつながります（➡7.エネルギーをみんなにそしてクリーンに、9.産業と技術革新の基盤をつくろう）。

酸素を出す

森林浴

森林空間の利用

合法的に伐採された木、国産材の使用

学校など公共の建物

木造住宅

木製品

木を「伐る」量と「植える」量のバランスがとれた状態

キノコ

間伐材を燃料にしたペレットストーブ

バイオマス発電

森のめぐみの利用

森林でとれたキノコやジビエ＊などは、人びとの食糧になります（➡2.飢餓をゼロに）。また、その生産にかかわる人の雇用を生み出し、地方に産業が生まれます（➡8.働きがいも経済成長も、11.住み続けられるまちづくりを）。

「15.陸の豊かさも守ろう」はすべての要素と関わっている。

出典：林野庁ホームページ「森林×SDGs」をもとに作成

＊ジビエ：食材として捕獲された野生の生きもの（野鳥やシカ、イノシシなど）のこと。

ゆたかな森林をまもるためのとりくみ

SDGsの目標達成におおいに貢献する森林。
ゆたかな森林をまもるためにさまざまなとりくみがなされています。

森林はSDGsと大きく関連

SDGsの17の目標は、2030年までの達成をめざしています。2030年は遠い未来ではありません。かぎられた時間のなかで、目標を達成するために、国や企業などによるさまざまなとりくみがすでに行われています。これらのとりくみは、最新技術を用いたり、アイディアを実現したりすることでさまざまな課題を解決していくものです。どのような課題をどのように解決しているのか、具体的に見ていきましょう。

課題：森林伐採による 世界の森林の減少

日本の技術で支援する 世界の森林保全

違法伐採や、農地開拓などのための伐採で、世界の森林は減少しつづけている。とくに熱帯林の減少は、地球の環境に大きな影響をあたえている。日本の公的機関であるJICA（国際協力機構）や企業は、これまでにつちかった先端技術を生かして、世界の森林をすくうとりくみを進めている。

➡ 22〜23ページ

15 陸の豊かさも守ろう

課題：手入れがされなくなった地方の 森林の増加

森林経営で地域活性

環境未来都市に指定されている北海道下川町は、ゆたかな森林を余すところなく有効に利用することで、地球にも人にもやさしい持続可能なまちづくりを実現しており、国内外から注目を集めている。

➡ 26〜27ページ

11 住み続けられる まちづくりを

日本で

課題：林業における人手不足、高齢化

スマート林業

ICT（情報通信技術）などを導入することで、林業者の高齢化や人手不足などの課題を解決する。ICTで林業を活性化させることで、「伐って、使って、植えて、育てる」の森林サイクルをうまく回すことをめざす。

➡ 24〜25ページ

9 産業と技術革新の 基盤をつくろう

世界で

都道府県で

課題：スギやヒノキなどの花粉症による健康被害

花粉をへらし健康を促進

日本人の国民病ともいわれる花粉症。東京都では、多摩地区の森林に、花粉の少ない苗を植林し、花粉をへらす森づくり運動を進めている。

➡ 28ページ

3 すべての人に健康と福祉を

課題：国産材の利用の促進

国産材を使った店舗づくり

全国展開するコーヒーショップでは、環境に配慮し、国産の木材や間伐材を店舗や店舗のなかのいすやテーブルなどに使用している。国産材の利用を進め、木のあたたかみによって居心地のよい場所を提供する。

➡ 29ページ

12 つくる責任つかう責任

市町村で

課題：間伐材の利用の促進

ヨコハマ・ウッドストロープロジェクト

神奈川県横浜市は、市が所有する森林の木材活用を進めるため、間伐材を使った木のストローを製作している。市内で働く障がい者に製作を依頼し、障がいのある人がはたらく場所をつくり出している。

➡ 29ページ

8 働きがいも経済成長も

課題：二酸化炭素排出による地球の温暖化

鉄やコンクリートの使用をへらし、木材利用を促進する木造高層ビル

技術の進歩により、不可能と思われた木造高層ビルの建築が実現可能になった。二酸化炭素の排出をへらし、木材の利用を活性化する、地球にも人にもやさしい木造高層ビルが次つぎと建設されている。

➡ 30〜31ページ

13 気候変動に具体的な対策を

さまざまな企業で

すでにこんなにたくさんのとりくみが行われているんだね！

JICAなどによる国際貢献

世界の森林面積が減少するなか、JICA（国際協力機構）＊をはじめとする
公的機関などの日本の技術を生かした森林保全に世界が注目しています。

世界の森林をまもる日本

世界の森林面積は全陸地面積の約3割をしめ、多くの生きものの生息・生育地としてゆたかな生態系をはぐくんでいます。しかし、南アメリカやアフリカにある熱帯林では、森林面積が急速に減少しています。世界の失われた森林面積は、2020年までの過去30年間で日本の国土面積の約5倍ともいわれ、森林減少の食い止めが急務なのです。こうした世界の森林破壊をふせぐために、日本の公的機関や民間企業は、日本の技術を生かし、世界の森林保全を支援しています。

国際貢献のとりくみ 1

エチオピアの野生のコーヒーの森をまもる

コーヒー（アラビカ種）の発祥地といわれるエチオピアでは、農地拡大、違法伐採、まきや炭などの利用のために、野生のコーヒーが自生する貴重な森林がへっている。そこでJICAは、野生のコーヒーの品質と価値の向上、販売経路の確保による地域住民の生活をまもり、野生のコーヒーをはぐくむ森を持続的に利用し、保全していくためのしくみづくりへの協力を行っている。

収穫されたコーヒー豆。 写真提供：JICA

「アフリカン・ブラックウッド」が減少しているのは、成長がおそく、資源になるまでに70〜100年の年月がかかるからなのですよ。

国際貢献のとりくみ 2

コンゴ盆地の森林保全を通じた気候変動対策

アマゾンに次ぐ世界で2番目に大きな熱帯林地域であるアフリカ・コンゴ盆地では、焼畑やまき・木炭の利用などにより森林減少が進んでいる。そこで、JICAではコンゴ民主共和国のクウィル州にある200近くの村に対し、アグロフォレストリー＊や森林保全を支援し、現地の人びととの生活を改善させながら、気候変動対策に貢献するとりくみを進めている。

プロジェクトの関係者が視察しているところ。
写真提供：JICA

国際貢献のとりくみ 3

絶滅の危機にある木管楽器の資源をまもる

クラリネットやオーボエ、ピッコロなどの木管楽器の原料となる木材「アフリカン・ブラックウッド」が絶滅の危機に瀕している。国内有数の楽器メーカーは、タンザニアのアフリカン・ブラックウッドの植林活動を支援し、持続可能な楽器づくりと地域社会の発展に貢献している。

伐採され放置されたアフリカン・ブラックウッド。

苗木を植えているところ。
写真提供：ヤマハ

＊JICA（国際協力機構）：開発途上国などに対し、技術や資金の協力を行う国の組織。
＊アグロフォレストリー：植林地で農作物もいっしょに育てる手法（➡4巻17ページ）。

森林面積の変化の大きな国（国別、2010〜2020年）

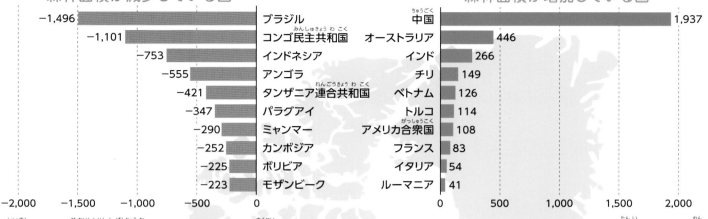

森林面積が減少している国		森林面積が増加している国	
−1,496	ブラジル	中国	1,937
−1,101	コンゴ民主共和国	オーストラリア	446
−753	インドネシア	インド	266
−555	アンゴラ	チリ	149
−421	タンザニア連合共和国	ベトナム	126
−347	パラグアイ	トルコ	114
−290	ミャンマー	アメリカ合衆国	108
−252	カンボジア	フランス	83
−225	ボリビア	イタリア	54
−223	モザンビーク	ルーマニア	41

出典：FAO「世界森林資源評価（FRA）2020」をもとに作成

単位：1,000ha/年

国際貢献のとりくみ 4

人びとを災害からまもる森林をつくる

2013年、ヒマラヤなどの山やまが連なるインド北部山岳地帯が大規模な洪水と土砂くずれに見舞われ、多くの命がうばわれた。JICAは効果的に森林を回復し、大雨などでも土砂がくずれにくくするための技術支援を通じ、地域の住民が安心してくらせるための協力を行っている。

©JICA/Shingo KITAURA

日本での研修のようす。　　　　　写真提供：JICA

国際貢献のとりくみ 5

アマゾンの違法伐採を監視する

世界最大の熱帯林アマゾンがあるブラジルでは、違法伐採による森林減少がつづいている。JICAは、宇宙航空研究開発機構（JAXA）と連携し、JAXAが保有する地球観測衛星「だいち2号」のデータを利用して森林伐採の監視を行い、ブラジル政府による違法伐採の対策強化への協力を行っている。

違法伐採が行われたブラジルの森林。　　写真提供：JICA

🌱 住民参加型の森林保全

世界の森林をまもるには、地域住民の協力が不可欠です。いくら森林保全の支援をしても、そこの住民が自分たちの森林をまもろうとする意識をもたなければ、過剰に森林が伐採されてしまいかねません。そのため、公的機関・民間企業はともに「住民参加型の森林保全」として、森林保全のための啓発活動を行うほか、地域住民を貧困からすくい、生活のささえとなるような森林保全の活動や、森林を伐採せずに生活していけるようなしくみづくりを行っています。

ICTを活用したスマート林業

先端技術を使って、少ない人手や力の弱い人でも
作業できるようにし、持続可能な林業を支援します。

先端技術で林業を支援する

林業の人手不足と高齢化により、日本の人工林の活用は思うように進んでいません。こうした林業の問題を解決するために、これから期待されるのが、ICTなどの先端技術です。少ない人手でも力の弱い人でもたくさんの木を伐採できるなど、林業の労働環境の改善や、生産性の向上に貢献する、ICTを活用した新しい林業「スマート林業」がすでにはじまっています。

キーワード

ICT（アイ シー ティー）
Information and Communication Technologyの略。「情報通信技術」と訳される。電話、パソコン、インターネットなどの情報処理や通信にかかわる技術をまとめたことば。

森林情報を先端技術で把握

これまで人手をかけて行っていた地形や本数などの森林情報の調査において、ドローンやレーザー計測などの先端技術を活用する。資源となる樹木が森林にどれだけあるのかをデジタル情報にすることで、効率化をはかる。林業者どうしで情報を共有することもできる。

ドローンで撮影した写真をコンピュータ上でつなぎ合わせ、立体的に山野の状態を見ることができる。
写真提供：林野庁

林業作業の機械化

チェンソーを使った伐採や重い丸太をワイヤーでくくって運ぶ危険な作業を高性能林業機械＊が行うことで作業を効率化し、林業者の負担をへらす。将来的には遠隔操作で行い、林業者を事故や暑さなどからまもることをめざす。

トラックが入れないような狭くて急な道も入り、丸太を集め、つかんで運ぶ「フォワーダ」という機械。
写真提供：林野庁

ICTによる木材流通の効率化

これまでは伐採した木材のサイズを1本ずつはかり、紙に記録するなど、すべて人の手で行っていた作業に、集めた丸太を写真撮影し自動的に計算するAI技術を採用。作業時間の短縮をはかる。

タブレットで写真をとり、丸太のサイズを自動的にはかって記録する。
写真提供：
四国森林管理局

最新技術を使った植林

これまで人が山にのぼって苗木を運び、植林していた作業で、ドローンを使用し、苗木を運搬する。木が育つよう雑草を刈る下刈り作業も機械化することで、過酷な作業をへらし、暑い夏場の作業も可能にする。また、成長が速い木や病気に強い木など品種改良した木を植えることで生産性を高める。

ドローンによる苗木の運搬。
写真提供：林野庁

＊高性能林業機械：これまで使われてきたチェンソーなどに比べて性能が高く、林業者の体の負担が軽い大型の林業機械のこと（→2巻17ページ）。

林野庁 技術革新企画官・森林総合監理士

安藤暁子さんに

スマート林業の話を聞こう!

安藤暁子
大学の文学部を卒業後、林野庁の四国森林管理局に入庁。ドローンを使用した森林管理の仕事にたずさわったのち、2022年度からは東京の林野庁で技術革新企画官・森林総合監理士として、スマート林業の技術開発にたずさわっている。

安藤さんはスマート林業にかかわるどのようなお仕事をしているのですか?

わたしは現在、遠隔操作で木材を運ぶ機械の開発や、携帯電話の電波がとどかない森林でも、こまったときにすぐ連絡がとれるような通信環境の開発支援にとりくんでいます。さらに、開発された技術を民間の林業者の方に広める活動も行っています。

スマート林業のよいところはどんなところですか?

日本の森林管理は、スマート林業により大きく変わりました。日本の森林は急な斜面の山地が多いため、木を伐るのも、植林するのも、つねに危険ととなり合わせです。そのため、林業の作業員は、体力のある男性かつ健常者が中心でした。ところが、スマート林業の普及により、少ない人手で、安全に、かつ豊富な専門知識がなくとも、林業にたずさわることができるようになったのです。

わたし自身もスマート林業に助けられた一人です。大学では英米文学を学んでいたので、森林については知識がゼロからのスタートでしたし、計算は昔から苦手です。またけがをして、森林に足を運べない時期もありました。それでも、遠隔操作で作業できるドローンや、森林の資源量を計算できるソフト、森林の状況がひと目でわかる最新技術などのおかげで、事務室にいながらも、森林の管理計画をつくることができました。いまは体力に自信のない女の人も男の人も、障がいのある人も、だれもが森林に貢献できる時代なのです。

これからのスマート林業にどのようなことを期待していますか?

さらにスマート林業が普及すれば、よりさまざまな人びとが森林をまもることに協力してくれることでしょう。たくさんの人の知恵が集まれば、森林の生態系をまもりながらゆたかな森林のめぐみをもっと活用できる、森林と人と生きものが共生する新しい仕組みができるはずです。森林はあたりまえにゆたかさがつづくものではないからこそ、みなさんも森林のために何ができるかを考え、わたしたちに知恵と力を貸してください。

四国森林管理局ではドローンを使用した国有林の管理にたずさわっていた。

実際に林内に足を運び、計測結果を確認する。

環境未来都市・北海道下川町

北海道下川町では、ゆたかな森林資源を利用したまちづくりで、国内外から注目を集めています。

環境未来都市とは

国土の約7割が森林でおおわれている日本には、まちの面積のほとんどが森林でしめられている地域が多くあります。ゆたかな森林資源を生かした森林経営ができれば、地域の経済がうるおい、人の雇用もふえ、長く住みつづけることができるまちになります。日本では今後も少子高齢化が進み、人口が減少していくことが予測されます。そのため、高齢者から子どもまですべての人が安心してくらせるまちづくりが必要です。こうした地球環境や人、社会に配慮したまちづくりを行う都市や地域を、国は「環境未来都市」に選び、支援しています。

全国の環境未来都市

北海道下川町

★岩手県釜石市

★岩手県大船渡市、
陸前高田市、
住田町

富山県富山市

★宮城県東松島市

★宮城県岩沼市

★福島県新地町

★福島県南相馬市

★は東日本大震災の被災地

福岡県北九州市

千葉県柏市

神奈川県横浜市

考えてみよう！
なぜ多くの被災地が環境未来都市に入っているのかな？

キーワード
環境未来都市
環境や高齢化対応など人類共通の課題に対し、積極的なとりくみを行っているとして国から選ばれた都市や地域のこと。

出典：内閣府「地方創世」ホームページをもとに作成

「環境未来都市」構想

環境未来都市
現在11都市・地域

環境モデル都市のなかからさらに厳選

環境モデル都市
現在23都市

出典：内閣府「地方創生」ホームページをもとに作成

数字で見る下川町のSDGs

植林50ha
毎年50haずつ植林し、60年で伐採する、「伐って、使って、植えて、育てる」のサイクルによる持続可能な森林経営をめざしている。

廃棄物ゼロの木材加工

FSC®認証を取得している板材

森林環境教育を15年
下川町では、森林の大切さを理解し、森林や木材加工場に出向いて学ぶ体験型の森林環境教育を幼・小・中・高校の15年間にわたりとりいれている。

体験型の森林環境教育

林業について学ぶ小学生

写真提供：下川町

26

木質バイオマスを活用する北海道下川町

北海道下川町は、かつて炭鉱や林業で栄えた山村地域でした。しかし1960年に1万5,000人以上いた人口は、炭鉱が閉山され、林業が衰退したことで激減。町の存続が危ぶまれたのです。そこで住民が一丸となって新しい産業づくりを行いました。その産業とは、木材を燃やしてエネルギーに変える「木質バイオマス」です。木質バイオマスを中心としたエネルギー利用に力を注いだ結果、持続可能なまちづくりに成功しました。「環境モデル都市」と「環境未来都市」に選ばれ、2017年には第1回ジャパンSDGsアワードで、内閣総理大臣賞を受賞。国内外から注目を集めています。

北海道下川町

人口
3,027人（2023年1月1日時点）

地理
北海道の北部の内陸に位置し、面積は644.2平方キロメートル（東京都の23区の面積に相当する）。面積のうち約9割が森林で、産業は林業・農業が中心。冬場は－30℃まで下がるため、暖房設備が欠かせない。

森林
- 毎年約50haを「伐って、使って、植えて、育てる」循環型の森林経営を確立。
- 2003年には、世界的な森林認証である「FSC®認証」を北海道ではじめて取得。
- 2004年に、地域の温泉に北海道ではじめて木質バイオマスボイラー*を導入した。

生産量3,500トン
地球にやさしい木質バイオマスの自給をめざし、現在は年間約3,500トンのチップを生産している（原油110万リットルに相当）。町の公共施設や住宅の燃料として利用している。

燃料費3,800万円カット
使用するエネルギーを灯油から木質バイオマスに切りかえたことで、公共施設の燃料費が年間約3,800万円削減できた。

「伐って、使って、植えて、育てる」循環型の森林経営

下川町に広がる針葉樹の森。

高性能林業機械も活用されている。

木質バイオマスを中心としたエネルギー利用

木質バイオマスが公共施設などの暖房設備のエネルギーとなる。

木材を生産する際に出る木質チップを利用

木質チップの製造施設

バイオマスボイラー

地域熱供給施設*

木材の廃棄物ゼロ
太い木から細い木、そして丸太を加工するときに出る木くずまで、木材をまるごと利用し、廃棄物ゼロの木材加工を進めている。

30人分の雇用
地域熱供給施設を中心として、住まいや郵便局や地域食堂などの公共施設やシイタケ栽培施設をつくったことで、コンパクトタウン*を実現し、30人分の雇用を新たに生み出した。

環境に配慮したコンパクトタウン

一の橋地区

住宅、木質バイオマスの地域熱供給施設、郵便局、地域食堂、職場（研究所）、障がい者支援施設などが一つに集まっている一の橋地区をはじめとして、環境に配慮したくらしやすいまちづくりを進めている。

キーワード
木質バイオマス
間伐材や木くずを燃やしてエネルギーに変えて発熱や発電に生かす。再生可能エネルギーの一つ。

＊ボイラー：水をあたためて湯にする装置。　＊コンパクトタウン：住まいと生活に必要な施設や職場が近くにあるまちのこと。
＊地域熱供給施設：温水や冷水を一つにまとまった場所で製造し、管を通じてまちに行きわたらせるシステムのこと。

SDGsと森林

花粉の少ない森づくり運動

花粉症は、日本の国民病ともいわれています。その原因となる花粉の飛散量をへらすとりくみは、多くの人の健康の維持・増進に欠かせません。

東京都のとりくみ

毎年春になると、スギやヒノキの花粉が飛びます。みなさんのなかにも、花粉症になやまされている人がいるでしょう。SDGsの目標3「すべての人に健康と福祉を」を達成するためには、花粉をへらすとりくみが必要です。たとえば、東京都では2006年から花粉を多く飛散するスギ・ヒノキを伐採し、花粉の少ないスギの苗木を植林する「花粉の少ない森づくり運動」を実施しています。「花粉の少ない森づくり」を行うことは、森林から多くの木材を得たり、森林がもつさまざまな役割を高めたりもします。

花粉症の原因は、樹齢30年以上のスギやヒノキの人工林の花粉が中心なんですよ。

花粉の少ない森づくり運動

多摩産の木材を使う

山や木と親しむ

森づくりに募金する

森づくりに参加する

この運動は、都民からの税だけでなく、都民や企業などからの寄付・支援により成り立っている。

YouTube
「東京森づくりチャンネル」
東京の森林での木の伐採や植林など、花粉の少ない森づくりの様子が動画で紹介されている。

一般的なスギの品種
花粉を飛散する雄花は、茶色いのが特徴。

花粉の少ないスギの品種
花粉の少ないスギは雄花がほとんどつかない。

写真提供：森林総合研究所　林木育種センター

調べてみよう！

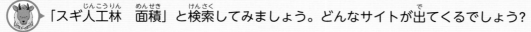
自分の住む都道府県のスギ人工林の面積を知るには？

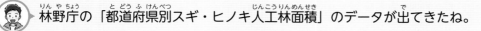
「スギ人工林　面積」と検索してみましょう。どんなサイトが出てくるでしょう？

林野庁の「都道府県別スギ・ヒノキ人工林面積」のデータが出てきたね。

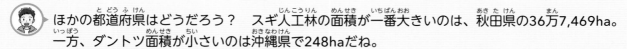
2012年の東京都のスギ人工林は、2万2,490haだって。東京の森林面積の約28%を占めているね。

ほかの都道府県はどうだろう？　スギ人工林の面積が一番大きいのは、秋田県の36万7,469ha。一方、ダントツ面積が小さいのは沖縄県で248haだね。

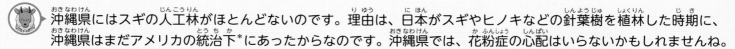
沖縄県にはスギの人工林がほとんどないのです。理由は、日本がスギやヒノキなどの針葉樹を植林した時期に、沖縄県はまだアメリカの統治下*にあったからなのです。沖縄県では、花粉症の心配はいらないかもしれませんね。

　＊アメリカの統治下：沖縄県は終戦後の1945年からアメリカに統治され、1972年5月15日に日本に返還された。

ヨコハマ・ウッドストロー・プロジェクト

神奈川県横浜市は、間伐材を利用した木のストローづくりで、
森林保全だけでなく、障がい者雇用にも貢献しています。

横浜市の間伐材利用

木のストローとは、木をうすく削ったスライス材を丸めてつくるストローのことです。横浜市では、プラスチックストローの代わりに、間伐材でつくった木のストローを製作し、市内の飲食店やホテルなどに利用してもらう「ヨコハマ・ウッドストロー・プロジェクト」にとりくんでいます。ストローの製作は、障がいのある人にたのむなど、障がい者の雇用にも貢献しています。

写真提供：ヨコハマSDGsデザインセンター

ヨコハマ・ウッドストロー・プロジェクトの流れ

ステップ1	山梨県道志村の横浜市が保有する水源林を適切な森林管理のため間伐
ステップ2	間伐材を使って地域の作業所でスライス材を製作する
ステップ3	横浜市内企業の障がい者施設や障がい者地域作業所などがスライス材を使用したウッドストローを製作
ステップ4	市内の飲食店やホテルなどでウッドストローが導入される
ステップ5	SDGs教育や環境関連イベントなどでウッドストロー製作のワークショップを実施

国産材を利用した店舗づくり

企業のとりくみを見ていきましょう。SDGsに貢献するため、
国産材を使用した店舗づくりなどを進めているコーヒーチェーンを紹介します。

環境に配慮した企業活動

全国に店舗をもつ大手コーヒーチェーンでは、国産材を積極的に使用した店舗づくりを行うことで、地域の林業を支援しています。たとえば、2021年にオープンした三重県の伊勢 内宮前店は、まちの景観に合わせ、地元の木材を使用しました。こうした企業の責任ある行動は、消費者の意識を変えるためにも大切です。

写真提供：スターバックス コーヒー ジャパン

伊勢 内宮前店

江戸時代のまちなみが再現され、歴史的建造物も残るおはらい町通りに構える店舗。地域文化にとけこむ空間となっている。

西東京新町店

老舗の喫茶店のあと地に建てられた店舗では、閉店した喫茶店の支柱であった大きな丸太をそのまま使用している。

紙のカップ

全店で紙のカップやストロー、ナプキンなどの紙製品の多くを、国際的な森林認証の一つであるFSC®認証を取得したものを使用。

このコーヒーチェーンでは、2030年までに廃棄物・二酸化炭素排出量を50パーセント削減する目標をかかげているんだよ！

木造高層ビルの建設

技術の進歩により、近年は木材を使った高層ビルが次つぎと建設されています。人にも地球環境にもやさしい木造高層ビルを紹介します。

🌱 地球環境にやさしい木造高層ビル

高層ビルといえば、鉄やコンクリートでできた建てものを想像する人が多いのではないでしょうか。鉄やコンクリートは、地震や火災にも強く、高層ビルにはうってつけの建材といわれてきました。しかし、鉄やコンクリートは、生産する過程で、たくさんの二酸化炭素を排出します。SDGsの目標を達成するためには、二酸化炭素の排出量をへらす低炭素ビルの建設が不可欠です。そこで、注目されているのが、木造高層ビルなのです。

建設作業の負担を軽減
木造建築は、鉄やコンクリートよりも軽いため、建設現場作業の負担をへらすことができる。

心と体の健康促進
木造建築は空気環境を改善し、あたたかみのある木材がリラックス効果をもたらす。

木造高層ビルを建設するメリット

地球温暖化の防止
二酸化炭素の排出量をへらし、炭素をたくわえる木材の特徴を生かす。

森林荒廃の防止
ゆたかな日本の森林資源を活用することで、森林があれはてることをふせぐ。

地域産業が活性化
林業の活性化により、山村をはじめ、地域経済の活性化に貢献する。

林業や木材産業が活性化
国産材の利用が進み、林業や木材産業の活性化に貢献できる。

ビルを解体しても木材は燃料などとして再利用できます。木材は石油や天然ガスなどの化石燃料とはことなり、持続的に使うことができるんですよ。

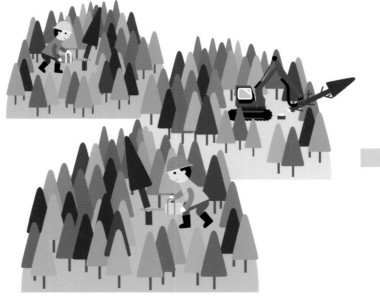

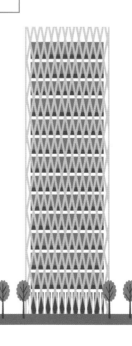

木造高層ビル建設を可能にした技術革新

　これまで木造の高層ビルの建設は、火に弱いためむずかしいと考えられていました。しかし近年、木材加工の研究が進み、火に強いがんじょうな木材が開発されたことで、建設が可能になりました。現在では、世界各地で木造高層ビルの建設計画が進んでいます。ここでは、すでに建設されたものから計画中のものまで、日本や世界の木造高層ビルを紹介しましょう。

世界一高い木造建築
ノルウェーの「ミョーサタワー」

2019年3月に完成した「ミョーサタワー」は18階建ての複合施設。世界でもっとも高い木造高層ビルに認定されている（2022年9月時点）。木材に特殊な接着剤をほどこすことで、がんじょうで火に強い建材が可能になった。

著作権者：NinaRundsveen（https://en.wikipedia.org/wiki/Mjøstårnet#/media/File:Mjøstårnet.jpg）

日本初の純木造11階建て高層ビル
「Port Plus」

2022年3月、神奈川県横浜市に地上階の柱や床、壁など、主な構造部のすべてに木材を使用した研修施設「Port Plus」が完成した。最新技術を使った耐火構造とし、火災に強い純木造の高層ビルの建設を実現した。

写真提供：大林組

地上17階建てのビルが
東京・日本橋に建築予定

東京都中央区の日本橋には、木造としては国内最大級となる高さ70メートル、17階建ての高層ビルの建設計画が進められている。国産材を積極的に活用する予定で、同じ規模の鉄骨でできたビルとくらべて、建設時の二酸化炭素の量も削減できる。

図提供：三井不動産、竹中工務店
＊この完成予想図は現時点でのイメージであり、今後変更の可能性があります。

最先端木造技術で建てられた
12階建てマンション

東京都江東区に、火に強い木材と、鉄筋コンクリートを目的に合った場所にそれぞれ使用した12階建てのマンションが2020年に建設された。内装にも木材を使用し、木のぬくもりが住む人の心身をいやしてくれる。

写真提供：竹中工務店

18階建てのカナダの学生寮
「ブロックコモンズ」

2017年、カナダのバンクーバー市内にあるブリティッシュ・コロンビア大学の学生寮「ブロックコモンズ」が完成。森林大国のカナダでは、40階建ての超高層ビルや木造建築都市の計画が進んでいる。

写真提供：https://www.naturallywood.com

もうこんなにたくさんの木造高層ビルが建てられているんだね！

第3章

森林とかかわる

みなさんはここまで森林にかかわるさまざまな分野のことを学んできました。今度はみなさん自身が森林とかかわり、貢献していく番です。森林とかかわる方法はたくさんありますから、近くに森がある人も、そうでない人も、すべての人が森林とかかわって親しむことができます。森林のために自分は何ができるか考えてみましょう。

森林とかかわる

人を健康にする森林浴

人をリラックスさせるといわれる森林浴は、
科学的にも人の心身によい影響をあたえることが証明されています。

森林浴とは

森林のなかを歩いていると、どことなく心が安らぎ、いやされると感じたことはないでしょうか？ 森林のなかに入り、すがすがしい空気をあびる「森林浴」とは、健康な体をつくるために行う「日光浴」や「海水浴」にならって、1982年に林野庁によってつくられたことばです。森林浴によって心身がリラックスすることは経験上知られていましたが、近年、実験や研究が進み、科学的にも人を健康にすることがわかっています。

フィトンチッド

森林に入るとすがすがしい香りがするのは、「フィトンチッド」という物質によるといわれています。フィトンチッドは、リラックス効果をもたらすことが科学的に証明されており、樹木の成分が入ったオイルでも同じ効果があるといわれています。

樹木の成分が入ったオイル。

海外でも注目される「森林浴」

森林浴は、近年「Shirin-yoku」ということばで、欧米を中心に世界からも注目が集まっている。

ロンドンの書店にある「Shirin-yoku」の本。

森林浴が人にもたらす科学的効果

免疫機能がアップ

がん細胞やウイルスを攻撃するナチュラルキラー細胞*が森林浴前にくらべて活性化する。

（パーセント）

30		
20		
10		
0		
森林浴前	1日後	2日後

ナチュラルキラー細胞の活性が1日で27パーセント、2日で53パーセントアップ！

出典：環境省ホームページ「データで見る国立公園の健康効果とは？」

副交感神経の活動がアップ

森林を歩くと、人がリラックスしていると活発になる副交感神経の活動が約2倍上昇する。

ストレスホルモンが減少

森林をながめていると、ストレスホルモン*の代表であるコルチゾール濃度が13パーセント減少する。

*ナチュラルキラー細胞：体内にあるがん細胞などの異質な細胞を見つけて、排除する役割をもつ細胞。
*ストレスホルモン：ストレスを感じると、脳からの刺激を受けてストレス反応を引き起こすホルモン。

調べてみよう！

森林はなぜすずしいの？

 森林に入るとひんやりするのはなぜでしょうか？ 調べてみましょう。

木の葉っぱから出る水蒸気が関係しているかもしれないね。ビニールぶくろと輪ゴムと湿度計と温度計を用意して調べてみよう。

 まず木の葉っぱにビニールぶくろをかぶせて、輪ゴムでビニールぶくろの口をしばってみます。数時間置いてから、ビニールぶくろのなかに湿度計と温度計を入れて数値をはかりましょう。

木の種類によっても差がありそうだね。いろんな木の葉っぱでためしてみよう。

ポイント！
数分後、数時間後と時間を変えて何回か湿度と温度をはかると変化の過程がわかるよ。

考えてみよう！
なんで水蒸気が出るとひんやりするのかな。汗をかいたときに体が冷えるしくみと同じかもしれないね。

出典：三井物産株式会社ホームページ「森のきょうしつ」をもとに作成

森林浴に出かけよう

　国有林の面積は766万haあり、日本の森林の約3割をしめています。国有林には、さまざまな種類があります。たとえば、水源をたくわえる森林や山くずれが起こらないよう管理する森林、生態系をまもる森林などがあります。そのなかで、森林浴やハイキング、登山、サイクリング、スキーなどのレクリエーションにてきした森林は「レクリエーションの森」として選ばれ、国民が森林にふれ合うことを目的に林野庁が整備しています。

⑤ 層雲峡（北海道）

キーワード

レクリエーションの森
国有林のうち国民に森林にふれ、親しんでもらうために選定された森林。全国に約600か所があり、6つの種類に区分されている。

② 白神山地（青森県）

④ 苗場（新潟県）

③ 玉原（群馬県）

⑥ 宮島（広島県）

① 高尾山（東京都）

① 屋久島（鹿児島県）

⑤ 七里御浜（三重県）

② 箱根（神奈川県）

さがしてみよう！

自分が住む都道府県にもレクリエーションの森はあるかな。じっさいに足を運んでみよう。

---

❶ 自然休養林
美しい風景を楽しむことのできる森林。登山やハイキング、キャンプなど多様なレクリエーションができる。

❷ 自然観察教育林
森林観察学習にふさわしい森林。野鳥などの動物や植物を観察して森林のはたらきを学べる。

❸ 森林スポーツ林
森林とふれ合うキャンプやサイクリングなどの野外スポーツにふさわしい森林。

❹ 野外スポーツ地域
雄大な自然のなか、スキーやスノーボード、テニスなどの野外スポーツを楽しめる地域。

❺ 風致探勝林
山岳、湖や沼、渓谷のある美しい森林。遊歩道が整備され、四季を感じられる。

❻ 風景林
名所や旧跡と一体となった森林。地域の歴史と雄大な自然美の両方が楽しめる。

山村のくらしを体験する

都市に住む人びとが、森林にふれ、森林の大切さを知る方法の一つに山村の生活体験があります。

山村を体験するエコツーリズム

　都市部に住む人が森林にふれ、森林の大切さを知るには、実際に山村でのくらしを体験してみるのがよいでしょう。近年、日本では環境への意識の高まりを背景に、「エコツーリズム」がさかんに行われるようになってきました。エコツーリズムとは、旅行者が地域の自然環境や歴史・文化にふれたり、実際に体験したりするエコツアーを行うことで、その魅力や大切さを理解し、環境保全へとつなげていくことを目的とした観光のありかたのことです。環境省や、市区町村などの地域が中心になって行われています。山村にくらす人と都市部にくらす人の交流は、都市部にくらす人が山村のよさを知ることができるだけでなく、山村に住む人も自分の住む土地のよさを再発見するきっかけにもなります。

　「エコツーリズム」はもともと、開発途上国において、地域のめぐまれた自然資源を観光の売りとすることで、地域の人の経済活動をまもりつつ、自然保護ができる手段として生み出されました。現在は、持続可能な観光のしくみとして世界中で注目を集めています。

エコツアーを楽しむために

本物の自然にふれよう

エコツアーでは、地域の自然の魅力に直接ふれられるさまざま体験が用意されています。森の香りや水の冷たさ、土のやわらかい感触や動植物の美しさなど、実際にその場に行かないと体験できない魅力を楽しみましょう。

ルールはかならずまもろう

エコツアーとは、自然や歴史・文化を体験して楽しむと同時に、地域のもつ大切な資源を保護・保全するものでなければいけません。ごみをすてたり、動物にえさをあげるなど、環境を破壊するような行為は禁止です。

ガイドさんに質問しよう

エコツアーでは、その地域の自然や文化にくわしいガイドさんの案内がつきます。ガイドさんは、自然の特色や文化、歴史を教えてくれるだけでなく、自然を見るポイントなども教えてくれます。いろいろと質問をしてみましょう。

地域の人と交流しよう

エコツアーではガイドさんはもちろん、地域の人びととふれ合うことができます。たとえば、地域でつくられている特産物をおみやげに買うことは、地域の人とふれ合い、地域経済に貢献することにつながります。

エコツアーのまち、飯能市

埼玉県飯能市では、東京都心からおよそ1時間という立地を生かし、めぐまれた自然や伝統文化を体験できるさまざまなエコツアーが行われています。2004年には環境省が選ぶエコツーリズム推進モデル地区にもなりました。飯能市のエコツアーの特色は、「すべての地域と住民の参加」を目標にしていることで、専門家だけではない多くの市民が、エコツアーガイドとして旅行者への案内を行い、地域の魅力を発信しつづけています。

写真提供：飯能市役所 観光・エコツーリズム推進課

市内の名栗地区にある森林をエコツアーガイドが案内してくれるツアー。

地元産の木材である「西川材」を使って燻製器をつくるエコツアー。材料は間伐材などを使用している。

🌱 子どものための山村留学

山村留学は、子どもが親もとをはなれ、山村の民家や寮などにねとまりしながら、地域の自然にふれ学んでいく活動のことです。山村留学には、春・夏・冬休みを利用した短期留学や、1年以上山村でくらす長期留学があります。長期留学では、地域の公立学校に通いながら、ことなる環境で育った仲間どうしで協力し合う大切さを学びます。

地域の小学校に通学するところ

林業以外にも田植えや稲かりなどの農作業も体験できる。

自然とふれ合う学校の活動、林間学校

林間学校とはおもに小学校、中学校で夏に行われる行事のことで、山間部や高原などで宿泊し、自然とふれ合う体験をするものです。もともとはヨーロッパで子どもの体力増強を目的としてはじめられたもので、日本では明治時代に紹介されました。

長期留学の場合、親もとをはなれて留学するのではなく、家族全員で移住するパターンもあります。

写真提供：公益財団法人育てる会

わたしたちの通っている学校でも、小学校5年生になると林間学校があるよ！

樹木医・森林インストラクター
岩谷美苗さんに
森林の魅力を伝える仕事
について話を聞こう

岩谷美苗
島根県生まれ。樹木医。東京学芸大学卒業後、森林インストラクター試験に合格し、女性初の森林インストラクターになる。子どもや大人が街路樹など、まちのなかにある木を気軽に楽しむための本も多数出版している。

森林インストラクターって何をするんですか？

わたしは森林インストラクターとして子どもや親子向けに講座を開いたり、樹木医として自治体から依頼を受けて、木がたおれないか、木を伐るのではなく移動できないかなど、樹木調査を行ったりしています。

みなさんは、どのくらい木に興味がありますか。昆虫や動物を好きでも、動かない木を好きな子は少ないかもしれません。なかには「木登りだったら好き」という子もいるでしょう。しかし、最近では木登りを禁止されたり、虫がいるといった理由で木にふれないようにと言われたりと、木と遊ぶ機会がへっているのでしかたがありません。もし正しい知識をもっていたら、まったく害のない虫におびえなくてもいいし、使える木がたくさんあることがわかります。

そこで、少しでも多くの人に木を知ってもらおうと、木を使った実験をしたり、まち歩きで木を観察したりして、木の魅力を広める活動を行っています。

どうしてこの仕事をしようと思ったのですか？

そもそもわたしが木を好きになったのは、大学生のころです。わたしは島根県の農家に生まれ、小さいころから裏山で遊び、マツタケをとったりまき割りをしたりして育ちました。東京の大学に通うため上京し、探検部に入りました。探検部では山登りをよくしました。山では、キノコが大好きになりましたが、キノコを仕事にするのはむずかしいと思い、樹木医の資格をとることにしたのです。

木の勉強をしていくうちに、木の生きかたもおもしろいことに気がつきました。木は動かないように見えますが、10年、20年と観察していると思いがけない変化をします。それがなんとも楽しいのです。

コンクリートのすき間に生えているキリの木

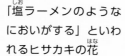

フジの冬芽はひげを
生やしたおじさんの
ように見える

「塩ラーメンのような
においがする」といわ
れるヒサカキの花

小さな冬芽や葉痕は顕微鏡モードのついた
カメラで撮影します。レンズ越しに冬芽を
観察すると、あら不思議。笑っている顔、か
わいい顔、こぶとり爺さんの顔……、いろ
んな顔が浮かび上がってきます。

また、東京に住んだことも大きなきっかけとなり
ました。まちの木は、うっそうとした山の木よりも
観察しやすいのです。たとえば、まちではコンクリ
ートなどのすき間に勝手に生えた木をよく見かけま
す。すき間は日当たりがよく、水が集まりやすいた
め、じつは木が育つには絶好の場所なんです。つい
最近も電車から駅のホームに降り立った瞬間、目の
前にキリの木があらわれ、おどろいたことがありま
した。木の種が風に運ばれ、へいのすき間に落っこ
ち、そのまま育ったんですね。キリの木は葉っぱが
大きく、わたしにはとても目立つ存在なのですが、
だれも気にかけません。みんなが無視しているのに、
わたしだけが注目していることに、少し優越感を感
じます。

の花をかいでもらったら、「塩ラーメン」や「動物園」
のにおいという感想をもらいました。ある女性がく
さいといわれるヘクソカズラの葉をかいで「大根お
ろしのにおい！」と言い、いままではかぎたくない
と言っていた人たちも「本当？ かがせて」と順番待
ちになりました。人気のないにおいが一転し、もの
の見方が180度変わるのです。
　また木の葉っぱもぜひさわってみてください。一
口に葉っぱといっても、ツルツルしたものから、フ
ワフワしたものまでさまざまです。たとえば、ムク
ノキの葉には、害虫が食べにくいように、小さなと
げが密集しています。表面をさわってみるとザラザ
ラしていて、ヤスリ代わりにもなります。このムク
ノキの葉を使った講座は子どもたちに大人気です。
乾燥させたムクノキの葉で木の枝をみがくだけなの
ですが、みんなが無我夢中になってしまいます。
　木の名前を知らなくてもかまいません。まちは人
が思っている以上に、自然にあふれています。さっ
そくまちに出かけて木に注目してみましょう。する
と何気なく歩いていたまちが急におもしろくなりま
すよ。

どうすれば木のちがいが わかるようになりますか?

　木に親しみ、木をおもしろがるコツは、花や葉っ
ぱのにおいをかいでみることです。まち歩きの講座
では、希望する参加者ににおいをかいでもらいます。
たとえば、ガスのにおいがするといわれるヒサカキ

木を見ていると、ただの木がゴ
ジラや動物にしか見えなくなる
ことがあります。それが木の物
語のはじまりです。みなさんは
想像力がゆたかなので、もしお
もしろい木に出会ったら、こっ
そりわたしに教えてください。

森林とかかわる

子どものころから木と親しむ木育

木材や木製品とのふれ合いを通じて、
木への親しみや木の文化をはぐくむ「木育」について紹介していきます。

木育とは

「木育」は、子どものころから木にふれることで、森づくりに貢献する人を育てる活動です。くらしのなかに木のおもちゃなどをとりいれてみたり、木工体験をしたりすることで、木に親しむ心を育てます。現在では、子どもからおとなまで幅広い年代を対象として、さまざまな活動が行われています。

木育のイベントは、木育インストラクターとよばれる指導者が企画し運営していますよ。

キーワード
木育インストラクター
森林や木のよさを子どもたちにわかりやすく伝え、木育を普及する指導者のこと。木育イベントやワークショップで活躍している。

キーワード
ウッドスタート
赤ちゃんがはじめて使う道具やおもちゃに地域の木材を使うとりくみのこと。

全国に広がる「木育」活動

ウッドスタート事業（埼玉県秩父市）

埼玉県秩父市では、秩父産の木材を使用し、地域の木工職人が製作したおもちゃを誕生祝い品としてわたしている。また地元産のヒノキの玉2,500個が入った遊具、「木の玉プール」の貸し出しも行っており、はじめての木との出会いのなかで、森林や自然を大切にする心をはぐくむことをねらいとしている。

誕生祝い品は3種類のおもちゃから好きなものを選べる。

地元産のヒノキを使用した「木の玉プール」
写真提供：秩父市森づくり課

製材所による木育（東京都）

東京の林業地、奥多摩にある製材所では、間伐や丸太切り体験、製材の際に出るスギやヒノキのかけらを使った木工などの木育体験ができるイベントを開催している。また、保育所や幼稚園の先生向けに木育を学ぶための研修も行っている。

木育体験ができるイベント
写真提供：森と市庭

はじめよう、ひろげよう、みえの木育（三重県）

三重県では、木製の遊具やおもちゃをキッズスペースにとりいれ、木製の車両「木育トレイン」を伊賀鉄道に設置し、三重県産の木材を活用。木にふれることで子どもの感性をみがき、森林の大切さを学ぶ。

伊賀鉄道に設置した「木育トレイン」
写真提供：三重県
農林水産部

身近な森林に親しむ学校林

日本には、2021年時点で2,233校の学校に森林があり、
学校の授業で森林を通じた教育を行っています。

学校林

小学校や中学校、高校などの学校が保有する森林を「学校林」といいます。学校林を保有する学校では、学校の建築や燃料資材に利用したり、総合学習の時間に植林活動をとりいれたり、学校林まで遠足に行ったり、なかには学校林でスキー授業を行ったりするところもあります。

学校林を設置した目的

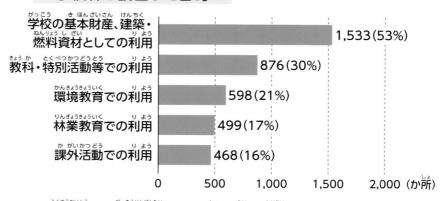

目的	数値
学校の基本財産、建築・燃料資材としての利用	1,533（53%）
教科・特別活動等での利用	876（30%）
環境教育での利用	598（21%）
林業教育での利用	499（17%）
課外活動での利用	468（16%）

（横軸：0 500 1,000 1,500 2,000（か所））

複数回答：%は学校林全体（2,908か所）に対する割合

出典：国土緑化推進機構「学校林現況 調査報告（2021年調査）」

四万十町立東又小学校における学校林の活用

町の面積の87パーセントを森林がしめ、ゆたかな森林にめぐまれている高知県四万十町にある、東又小学校は、学校からおよそ徒歩5分の場所に約9.6haのヒノキ林をもっています。子どもたちは年間10回程度学校林に入り、NPO法人朝霧森林倶楽部の協力により、のこぎりを使った除伐体験や木を使った自然観察、ツリークライミングなどを行ったり、木の遊具で遊んだりしています。

除伐体験を通して森林を管理することの大切さを学ぶ。

木の高さや太さをはかる方法を学ぶ。

東又小学校では、学校林でとれたガンピという木からつくった和紙を、2022年度に卒業する6年生の卒業証書にするんだって！

ガンピの木を伐るところ。

写真提供：四万十町立東又小学校

ツリークライミングが行える木は、学校を見わたせる場所にある。

森林とかかわる

森林のために、わたしたちができること

これまでの学びをふりかえり、森林のために自分に何ができるか、
考えてみましょう。

🌱 自分でできることを調べてみよう

ここまで森林の役割、大切さを紹介してきました。森林への理解が深まったみなさんであれば、森林のためにできることはたくさんあるでしょう。国産の木製品をくらしにとりいれる人もいるでしょう。森林ボランティアに参加する人もいるかもしれません。小さなことでもいいので身近なところで、自分でできることをぜひさがして調べてみましょう。もしすぐに思いつかない場合は、友だちと話し合ってみるのもよいでしょう。いろいろな人と話し合って調べたり考えたりすること自体が、森林への貢献につながります。

学校で

おうちで

学校の友だちと、森林をまもるためにできることがないか話し合ってみよう。学校の近くに森林がある人は、授業でその森林を活用できないか、アイディアを出してみよう。アイディアがまとまったら、先生に相談してみるといいね。廊下や体育館、音楽室など、すみずみまで見てみると、木でつくられたものがたくさんあるよ。みんなが使っている机やいすはなにでできているかな。

くらしのなかでもっと木を使うにはどうしたらいいか、考えてみよう。自分の家にある木の製品を見つけてじっさいに使ってみたり、ふだん使っている木の製品のよさを再発見したりすることも、森林をまもることにつながるよ。家で新しい木の製品をとりいれるときには、どこの国の木でできているかを調べてみるといいね。

調べてみよう！

みんなの家にある木の製品はどこの国の木を使っているのかな？

42

この本を読んで気になったテーマをパソコンやスマートフォンで、さらに調べてみよう。日本だけでなく世界の森林の現状も調べよう。日本や海外には、森林保全をする団体がたくさんあるよ。そうした団体をインターネット上でさがして、機会があればボランティアなどの活動にぜひ参加してみよう。

お店で

スーパーマーケットや、外食に行ったお店などで森林認証マークのあるストロー、紙コップ、紙パック、包装紙、文房具などがあるかさがしてみよう。じつは意外に身近なところで再生紙や木が使われているかもしれない。そのほかにもお店の人に森林をまもるためのとりくみをしているか聞いてみよう。そういったお店を利用することが、森林をまもることにつながるよ。

インターネットで

🌱 ゆたかな森林のある未来

いろいろなアイディアがわいてきましたか？　もし地球にいるすべての人がアイディアをかたちにし、一人一人が行動にうつせば、ゆたかな森林がはぐくまれて、それを次世代につないでいけることでしょう。その行動をつづけた先には、どんな地球の未来が待っているでしょうか。森林を通して、10年後、30年後、50年後の地球の未来を想像してみることが大切です。

外出先で

お休みの日に友だちや家族と近所にある木や、そこに住んでいる生きものを観察しに行こう。身近なところに森がなくても、街路樹や公園の木があるよ。木の名前や生きものの種類を調べることで、いままでは気づかなかった発見があるかもしれない。もし病気になっている木やあれた森林を見つけたら、自分に何ができるのか考えてみよう。

森林のことを調べて知識を身につけるだけでも立派な貢献ですよ！

森林のためにできることを考えてみよう

この本のなかで気になったテーマについて、調べたり、実際に体験をしたりしてみましょう。
森林のために自分自身ができそうなことや、課題を解決するためのアイディアを
思いついたら書いてみましょう。

記入例

記入日

2023 年	7 月	26 日	6 年	1 組	名前 森田シン

気になったテーマ

間伐材の利用

> 42〜43ページを参考に、もしくはこの本で取り上げたテーマのなかで気になったテーマを選んでみよう。

気になった理由

これまで木を伐採することはいけないことだと思っていたが、
適度に間伐をして手入れすることが森林のために必要だと知った。
間伐した木の活用を進めるために何か自分もできることがないかと思った。

> なぜそのテーマが気になったのか、理由を書いてみよう。

テーマについて調べる方法

☐ インターネット　　☐ 図書館　　☐ 人に聞く　だれに（　　　　　　　　）

☑ じっさいに体験する　☐ その他（　　　　　　　　　　　　　）

> テーマについて調べる方法を具体的にあげてみよう。1つでもいいし、いくつかあげてもいいね。

森林のためにできること

ゆたかな森林を守るためには、適度に木を伐採して、木製品として
利用することが大切だということを広めるポスターをつくって
駅や市内の施設などに掲示し、間伐材の利用を進めたい。

> テーマについて調べてみた結果、森林のために自分でできそうなことや、解決のためのアイディアが思いうかんだら書いてみよう。

記入日

年	月	日	年	組	名前

気になったテーマ

気になった理由

テーマについて調べる方法

☐ インターネット　　☐ 図書館　☐ 人に聞く　だれに（　　　　　　　　　　）

☐ じっさいに体験する　☐ その他（　　　　　　　　　　　　　　　　　　）

森林のためにできること

※このページはコピーをして書き込むためのページです。

さくいん

参考文献

秋山宏次郎 『こどもSDGs なぜSDGsが必要なのかがわかる本』 カンゼン 2020年

アンドレア・ミノリオ文、ラウラ・ファネッリ絵、江守正多監修、関口英子訳 『気候変動 何がおこる？何ができる？』 大月書店 2021年

岩谷美苗 『街の木ウォッチング ── オモシロ樹木に会いにゆこう』 東京学芸大学出版会 2016年

岩谷美苗 『子どもと木で遊ぶ 樹木医が教える「木あそび」ガイド』 東京書籍 2018年

勝川俊雄・関岡東生監修 『未来をつくる！ 日本の産業 ③水産業・林業』 ポプラ社 2021年

白石則彦監修、NPO法人MORIMORIネットワーク編 『日本の林業 ①-④』 岩崎書店 2008年

鈴木京子・赤堀楠雄・浜田久美子 『基礎から学ぶ 森と木と人の暮らし』 農山漁村文化協会 2010年

田中惣次 『本当はすごい森の話 ── 林業家からのメッセージ』 少年写真新聞社 2016年

七尾純 『森の総合学習 ①-④』 あかね書房 2004年

三俣学・齋藤暖生 『森の経済学 ── 森が森らしく、人が人らしくある経済』 日本評論社 2022年

「森林・林業学習館」 https://www.shinrin-ringyou.com （2023年1月24日確認）

「私の森.jp」 https://watashinomori.jp/ （2023年1月24日確認）

「森林・林業白書（令和3年度版）」
https://www.rinya.maff.go.jp/j/kikaku/hakusyo/r3hakusyo/attach/pdf/zenbun-34.pdf （2023年1月26日確認）

編集	株式会社桂樹社グループ（狩生有希）
装丁・本文デザイン	ごぼうデザイン事務所（永瀬優子、大山真葵）
執筆	前田登和子
キャラクターデザイン	小川かりん
イラスト	小川かりん（15ページ、36ページ、42-43ページ）　矢寿ひろお（6-7ページ、18-19ページ、30ページ）
校正	佐野悦子　菅村 薫
写真・図版協力	一般社団法人 緑の循環認証会議　カナダ林産業審議会　木づかい運動事務局 公益財団法人 育てる会　公益財団法人 日本環境協会 佐賀県森林整備課　四国森林管理局　白神森林組合　森林総合研究所 林木育種センター トンボ鉛筆　ひのき精香　ヨネザワ・フォレスト　林野庁　PIXTA　photolibrary
協力	安藤暁子（林野庁）　岩谷美苗　FSCジャパン　大林組　JICA　下川町役場 スターバックスコーヒー ジャパン　須藤美香（四万十町立東又小学校校長）　竹中工務店 東京都産業労働局農林水産部森林課　秩父市森づくり課　飯能市役所 観光・エコツーリズム推進課 三重県農林水産部　三井不動産　森と市庭　ヤマハ　ヨコハマSDGsデザインセンター

※SDGsアイコンについて
国連持続可能な開発目標 https://www.un.org/sustainabledevelopment/
この出版物の内容は、国連やその関係者、加盟国の見解を反映したものではありません。

わたしたちと森林　5
しん　りん
持続可能な社会
じ　ぞく　か　のう　しゃ　かい

2023年3月30日　第1刷発行

発行所	あかつき教育図書株式会社
	〒176-0021 東京都練馬区貫井4-1-11
	TEL　03-3825-9188（代表）
	FAX　03-3825-9187
	https://www.aktk.co.jp
印刷・製本	精興社